Die
Da
Bibliot

Ein Toter zu viel

Wiener Walzer – Wiener Blut

A1/A2

Von Roland Dittrich
Illustriert von Natascha Römer

OISE Sprachtraining (D) GmbH
Poststraße 48 · D-69115 Heidelberg

Ein Toter zu viel

Roland Dittrich
mit Illustrationen von Natascha Römer

Lektorat und Redaktion: Joachim Becker
Layout: Annika Preyhs für Buchgestaltung +
Technische Umsetzung: Klein & Halm Grafikdesign, Berlin
Umschlaggestaltung: Ungermeyer – grafische Angelegenheiten, Berlin

Bildquellen
S. 39: © Fotolia/A. Karnholz / © Fotolia/JFL Photography / © Fotolia/Ingo Bartussek /
© Fotolia/photo 5000 / S. 40: © Fotolia/yamix / © Fotolia/davidasmuth /
© Fotolia/josefkubes / © shutterstock/mikecphoto/ © Fotolia/photo 5000 /
© akg-images / © Fotolia/Gina Sanders / © akg-images

www.cornelsen.de

1. Auflage, 1. Druck 2017

© 2017 Cornelsen Verlag GmbH, Berlin

Das Werk und seine Teile sind urheberrechtlich geschützt.
Jede Nutzung in anderen als den gesetzlich zugelassenen Fällen
bedarf der vorherigen schriftlichen Einwilligung des Verlages.
Hinweis zu den §§ 46, 52a UrhG: Weder das Werk noch seine Teile dürfen
ohne eine solche Einwilligung eingescannt und in ein Netzwerk eingestellt
oder sonst öffentlich zugänglich gemacht werden.
Dies gilt auch für Intranets von Schulen und sonstigen Bildungseinrichtungen.

Druck: H. Heenemann, Berlin

ISBN 978-3-06-024444-7

PEFC zertifiziert
Dieses Produkt stammt aus nachhaltig
bewirtschafteten Wäldern und kontrollierten
Quellen.
www.pefc.de

Inhalt

Personen _____ 4

Orte der Handlung in Wien _____ 5

Ein Toter zu viel _____ 7

Landeskunde Wien _____ 39

Übungen _____ 41

Lösungen _____ 51

Sie können diese spannende Geschichte auch auf einem MP3-Player zu Hause, bei einer Auto-, Zug- oder Busfahrt anhören und genießen. Siehe: www.cornelsen.de/daf-bibliothek

Personen

Isabel Hofmeister, 25 Jahre
Managerin bei „Austro-Tourist",
Schwester von Fabian

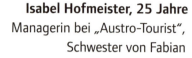

Stephan Molnar, 30 Jahre
Schauspieler, Tanzlehrer und
Fremdenführer

Bruno Krawitz, 33 Jahre
Ingenieur und Leiter der
Baufirma WIENBAU

Maximilian Hofmeister, 56 Jahre
Bahndirektor, Vater von
Isabel und Fabian

Laura Hofmeister, 50 Jahre
Restauratorin, Mutter von
Isabel und Fabian

Fabian Hofmeister, 17 Jahre
Schüler am Gymnasium,
Bruder von Isabel

Dr. Elisabeth Aumann, 33 Jahre
Detektivin, eigene Detektei SIRIUS
in Köln, zusammen mit Markus Berg

Orte der Handlung in Wien

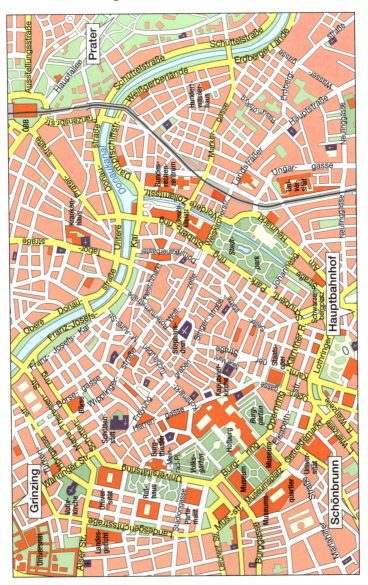

Kapitel | 1

Am Morgen im Detektivbüro SIRIUS in Köln:
„Lisa, was ist denn mit dir los? Du schaust dir im Internet die Stadt Wien an?"
„Markus, ich fliege nach Wien!"
5 „Wien? Was willst du denn in Wien?"
„Markus, das wird sehr schön. Meine Freundin Isabel hat mich eingeladen. Es gibt ein Fest zu ihrer Verlobung – ganz toll!"
„Verlobung?"
10 „Ja, wirklich."
„Ist das nicht etwas altmodisch?"
„Klar, Markus, etwas konservativ. Aber für Isabel und ihre Familie ist das wichtig. So ist das eben in Wien."
„Und was machst du sonst noch?"
15 „Also, erstmal möchte ich Isabel wiedersehen, nach fünf Jahren ... Und dann will sie mir Wien zeigen. Ich war ja noch nie dort."
„Ach so, die Donau, die schöne blaue – oder graue? – Donau, der Stephansdom, das Schloss Schönbrunn, das Weindorf
20 Grinzing, der Prater und das Riesenrad und ... Schau mal, was du da siehst!"

---

7 die Verlobung, -en: man verspricht dem Freund/der Freundin, dass man ihn/sie heiraten will. Die Familie und die Freunde feiern die Verlobung zusammen mit dem Verlobungspaar.
12 konservativ: glaubt an alte Ideen und Lebensformen

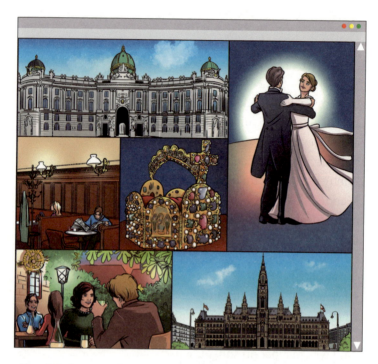

„Gut, Markus. Und was noch?"
„Der Wiener Walzer! Der war sogar die Musik zu einem Science-Fiction-Film!"
„Klar, den kenne ich auch. Aber Wien und der Wiener Walzer, das ist wunderbar!"
„Lisa, ich war mal dort, als Student – war ganz nett …"
„Stopp! Ich freue mich sehr, und es wird sicher interessant."
„Und spannend?"
„Warum?"
„Lisa, immer wenn du wohin fährst, passiert etwas."

8 spannend: wie ein Krimi

9

„Nein, nein. Dieses Mal wird alles schön und angenehm und ohne Probleme."

„Naja, sehen wir mal. Aber – bitte – pass auf dich auf!"

„Warum sagst du das?"

5 „Lisa, ich habe so ein komisches Gefühl."

„Oh!"

---

5 ein komisches Gefühl (das Gefühl, -e): man fühlt etwas und kann es nicht genau erklären

Kapitel | 2

Wien, Schönbrunnerstraße 180, ein hohes, schönes altes Haus. Vor der Haustür steht ein Mann, groß, stark, breite Schultern, in einem grauen Trachtenanzug. Er klingelt. Jemand fragt: „Wer ist da?"
„Bruno!"
Die Tür geht auf. Herr und Frau Hofmeister begrüßen ihn.
„Willkommen!"
„Grüß Gott, danke für die Einladung." Und Frau Hofmeister bekommt einen großen Strauß Rosen.
„Wie schön! Danke, das war doch nicht nötig – Isabel, wo bist du?"
Isabel kommt langsam zu der Gruppe. Bruno hat auch Blumen für sie und will ihr ein Küsschen geben, aber sie gibt ihm nur die Hand. „Hallo, Bruno!"

3 die Schulter, -n: Körperteil, wo die Arme beginnen
3 die Tracht, -en: alte, traditionelle Kleidung
8 Grüß Gott! *österr. für:* Guten Tag!
13 das Küsschen, -: ein kleiner Kuss

Jetzt wird Herr Hofmeister aktiv: „Herr Krawitz, ich schlage vor, wir gehen zusammen in mein Lesezimmer. Ich glaube, wir müssen über etwas Wichtiges sprechen."
Bruno ist sehr höflich: „Die Damen – erlauben Sie?"
5 „Ja, natürlich. Vielleicht möchten die Herren einen Kaffee?", fragt Frau Hofmeister. Und Isabel geht sofort in die Küche.

*

Fabian, der Bruder von Isabel, kommt zu ihr in die Küche.
„Isabel, was will denn der jetzt bei uns?"
„Du, das geht dich nix an."
10 „Ist das nicht der „Beton-Bruno"? Der war im Fernsehen und im Internet. Der macht den Neubau vom Hauptbahnhof. Und alle wissen: Das ist ein gscherter Hund – da passiert immer was, sagt auch der Ludwig. Der ist bei ihm Praktikant."
15 „Fabian, hör auf! Das ist mir egal." Isabel will nichts davon wissen.
Frau Hofmeister ist mit Isabel nicht zufrieden.
„Komm mal bitte her: Warum bist du denn so kühl zu deinem Freund? Ihr seid doch schon einige Zeit zusammen. Ich
20 denke, ihr mögt euch, oder nicht?"
„Mama, ganz einfach: Ich mag ihn nicht mehr."
„Ist das wegen diesem Stephan?"
„Genau, wir beide verstehen uns sehr gut, und ich habe ihn sehr gern."

    9 nix *österr. für:* nichts
    9 das geht dich nix an: das ist nicht deine Sache
   10 der Beton, -s/-e: graues, hartes Baumaterial
   12 ein gscherter Hund *österr. sehr negativ für:* primitiver Mensch, nicht aus der Stadt

„Wirklich? Na dann, wie du willst..."
„Danke, Mama."

*

„Ja, Herr Krawitz ..."
„Bittschön, sagen Sie einfach Bruno zu mir – bald sind wir ja eine Familie."
„Wenn du meinst? Also, ich bin der Maximilian, und darauf trinken wir jetzt einen Sherry, ja?"
„Aber gern!"
„Maximilian, da gibt es noch etwas Wichtiges."
„Du meinst mit Isabel?" Herr Hofmeister ist etwas unsicher.
„Naa, wichtiger: Ihr habt ja ein schönes Haus, ganz wunderbar, aber wenn ich das so sehe – ziemlich alt, oder?"

„Ja, Bruno, ein Haus aus dem 19. Jahrhundert, und einiges ist ziemlich kaputt – das Dach, die Fenster ..."
„Erzähl mir nix, ich habe alles gesehen."
„Weißt du, Bruno, ich habe manchmal schlaflose Nächte, denn das, was ich verdiene ... Davon kann ich keine großen Reparaturen bezahlen."

11 naa *österr. für:* nein

„Du kannst ab jetzt ruhig schlafen. Ich mache das mit meinen Leuten, für euch geschenkt!"
„Aber wieso denn?"
„Maximilian, für seine Familie tut man doch alles, oder?"
5 Herr Hofmeister wäre natürlich dankbar. Er braucht nämlich Hilfe bei der Renovierung, aber die Sache geht ihm zu schnell.
„Bruno, können wir ein anderes Mal darüber sprechen? Was jetzt am wichtigsten ist: Wie geht das mit Isabel?"
10 Bruno antwortet schnell: „Da passt alles. Jetzt kommt ja unsere Verlobung, und dann geht's eine Woche nach Taormina ..."
„Ja, meinst du, sie will das alles?"
„Was denn sonst? Doch nicht wegen diesem Hallodri, diesem Stephan! Um den werde ich mich noch kümmern."
In diesem Moment klingelt sein Handy. „Was ist? Wos is? Wieder was passiert? Macht nix, ich komme!"
Dann sagt er noch ein böses Wort ins Telefon und entschuldigt sich bei Herrn Hofmeister: „Du, ich muss schnell weg,
20 die brauchen mich auf der Baustelle. Bis zum nächsten Mal. Servus!"
Und schon ist er weg.

---

14 der Hallodri, -s *österr. für:* jemand, der nur zum Spaß und ohne Ordnung lebt
16 das Handy, -s: das Mobiltelefon
20 die Baustelle, -n: dort werden Häuser gebaut
21 Servus! *österr. für:* Hallo *und für:* Tschüss!

Kapitel | 3

Am Wiener Hauptbahnhof, Bahnsteig 10, begrüßt Isabel ihre
Freundin Elisabeth: „Grüß dich, Lisa, willkommen in Wien!"
„Hallo Isabel, schön, dass wir uns wiedersehen!"
„Wie war die Reise?"
„Ein bisschen lang, aber ich fahre gern mit dem Zug."
„Lisa, jetzt fahren wir zuerst einmal zu uns, mit der „Bim", so
heißt unsere Straßenbahn."
„Isabel, danke für die Einladung! Erzähl mal: Wer ist das
denn, dein zukünftiger Ehemann?"
„Leider, das ist kompliziert, sehr kompliziert. Fahren wir
erst zu mir, lassen dein Gepäck da, und dann gehen wir in
mein Lieblingscafé, ins Café Central. Dort kann ich dir mehr
erzählen."

*

9 zukünftig: was noch kommt

Im Café trinken die beiden einen großen Braunen, einen besonderen Wiener Kaffee, und jede isst ein Stück Sachertorte.
„Ihr habt aber feine Sachen hier. Hier bleibe ich!"
„Gern, so lange du willst!"
5 „Isabel, jetzt erzähl mir doch mal etwas über deinen Zukünftigen. Ich bin ganz neugierig."
„O je, das ist nicht so einfach. Bruno, so heißt er, mag mich und will mich so schnell wie möglich heiraten. Er ist ein netter Mann, sieht gut aus, verdient gut - auch meine Eltern finden
10 den ihn sehr gut. Aber ..."
„Aber?"
„Lisa, ich will nicht."
„Was heißt das? Es gibt keine Verlobung und keine Hochzeit?"
15 „So sieht es aus. Lisa, entschuldige. Jetzt bist du umsonst zu mir gekommen!"
„Nein, nein, ich bin doch wegen dir hier, und Isabel, vielleicht brauchst du mich ja noch?"
„Danke dir. Hoffentlich passiert nicht noch etwas Schlimmes."
20 „Aber sag doch mal: Warum kommt das alles so plötzlich? Ein anderer Mann ...?"
„Ja, Lisa, wie das so geht. Alles ging so schnell. Ich habe einen Mann kennengelernt und mich sofort verliebt."
„Oh!"
25 „Dieser Stephan ist das Gegenteil von Bruno. Er ist ein Künstler, Schauspieler am Theater, Musiker ..."

---

2 die Sachertorte, -n: berühmter Wiener Schokoladenkuchen
15 umsonst: etwas getan, aber kein positives Ergebnis
23 sich verlieben: eine Liebe beginnen

„Interessant!"

„Aber, Lisa, meine Eltern haben etwas gegen ihn, weil er keine feste Stelle hat, weil er im Unterschied zu Bruno viel weniger Geld verdient, weil das Leben mit ihm unsicher ist, und so weiter. Sie meinen, Bruno wäre besser für mich!"

„Aber Isabel, du hast doch auch deinen Beruf und bist ein freier Mensch!"

„Das schon, aber es gibt noch ein anderes Problem. Unser Haus ist ziemlich alt und kaputt, und Bruno würde es renovieren – als Geschenk ..."

„Klar! Dafür bekommt er dich."

„Lisa, das war aber jetzt böse."

„Entschuldige."

„Du, ich habe eine Idee: Wir gehen jetzt durch die Stadt, ich zeige dir ein paar Sehenswürdigkeiten ... Moment, mein Handy klingelt."

Sie spricht sehr herzlich mit jemandem.

„Das war Stephan, er ist gerade in der Tanzschule. Er ist dort nämlich Tanzlehrer und bringt den Touristen den Wiener Walzer bei. Warum lachst du? Es ist ein schöner, harmonischer Tanz – den solltest du auch lernen."

„Das hat mir schon mein Kollege Markus empfohlen."

„Schön, Lisa, gehen wir dorthin, es ist nicht weit, in der Nähe vom Naschmarkt."

---

3 feste Stelle (die Stelle, -n): ein Arbeitsplatz mit Vertrag und ohne Ende

19 jemandem etwas beibringen: einen Kurs geben, unterrichten

17

Kapitel | 4

In der Tanzschule „Strauß & Strauß" tanzen Paare zur Walzer-Musik von Johann Strauß, in der Mitte der Tanzlehrer Stephan Molnar.
Da klingelt das Handy von Stephan. Er entschuldigt sich:
5 „Meine Damen und Herren, tanzen Sie bitte weiter – ein wichtiger Anruf!"
Er geht hinaus und antwortet: „Grüß Gott, Stephan Molnar."
Da hört er eine harte, laute Stimme: „Bruno, Bruno Krawitz, Bürscherl, du kennst mich doch."
10 „Ja, Herr Krawitz, was möchten Sie?"
„Warst du gestern wieder mit der Isabel zusammen?"
„Warum nicht? Das geht Sie doch nichts an."
„Aber wie! Du, ich will das nicht, verstanden? Du hörst damit auf, sonst ..."
15 „Was sonst?"
„Das wirst du schon sehen!"

8 die Stimme, -n: was man von jemandem hört, wenn er spricht
9 das Bürscherl (Pl.: Bürscherl/Bürscherln) *österr. negativ für:* kleiner Junge

„Herr Krawitz, ich habe keine Zeit. Ich muss mich auf die Abendführung, heute in der Kaisergruft, vorbereiten."
„Oha! Na, dann bis bald."
Stephan fragt sich, was das bedeuten soll. Was meint Bruno mit „bis bald"?

*

Der Kurs in der Tanzschule ist gerade zu Ende, da kommen Isabel und Elisabeth an.
„So, das ist Stephan, und das ist Elisabeth, meine Freundin aus Köln."
Elisabeth findet Stephan sofort sympathisch und sie versteht gleich, dass Isabel ihn mag.
„Schau mal, Elisabeth, das ist unser Tanzstudio – meistens nur für Wiener Walzer. Die Wiener tanzen sehr gerne Wiener Walzer."
Stephan erzählt etwas aus der Geschichte des Walzers. Wiener Walzer tanzt man seit 1815.
„Und Elisabeth, was tanzt man in Köln?"
„Auch Walzer."
„Na, probieren wir mal. Darf ich um einen Tanz bitten?"
Er schaltet den Walzer „An der schönen, blauen Donau" an, und jetzt tanzen sie. Der Walzer macht ihr richtig Freude.
„Elisabeth, es geht ganz gut, aber man könnte einiges verbessern. Es muss leichter gehen und der Herr muss die Dame führen – nicht die Dame den Herrn! Dafür bekommst du von mir ein paar Stunden."

---

19 Darf ich um einen Tanz bitten? *sehr höflich für:* Möchten Sie mit mir tanzen?

In dem Moment geht die Tür auf. Herein kommt ein großer
Mann mit einem schönen schwarzen Bart.

„Hallo Stephan, ganz kurz. Ich
wollte dich anrufen, aber ...
Du, vergiss bitte nicht: Wir haben
morgen die Probe zu „Eugen
Onegin" und wir brauchen dich."
„Klar, ich komme."
„Wer sind denn die Damen?
Darf ich mich vorstellen: Artur
Trotzki ..." Er verbeugt sich höf-
lich.

„Mein guter Freund Artur, Ballettmeister aus Nowosibirsk!
Darf ich vorstellen: Das ist Isabel, und das ist Elisabeth
Aumann aus Köln".
Artur verbeugt sich wieder: „Entschuldigung, aber ich muss
sofort weiter. Also Stephan, bis morgen. Und pass auf dich
auf!"
Stephan erklärt: „So, ich muss mich jetzt auf den Abend vor-
bereiten: Ich mache nämlich auch Führungen für Touristen,
besonders in der Kaisergruft."
„In einer Gruft?"
„Ja, Elisabeth, das interessiert dich sicher auch. Dort liegen
die österreichischen Kaiser und Könige in schönen Särgen.

---

14 der Ballettmeister, -: Leiter der Ballettgruppe
23 die Gruft, die Grüfte: ein großer Keller mit Särgen von Toten
25 der Sarg, die Särge: aus Holz oder Metall, letztes „Bett" für einen
   Toten

Und zur Führung trage ich immer ein altes, historisches Kostüm. Einen Moment, ich komme gleich wieder."

„Stephan, das sieht toll aus!" Beide Frauen sind begeistert.
„Kommt doch mit, heute Abend! Ich mache das nicht so oft."
„Danke für die Einladung, aber wir haben für heute Abend schon Konzertkarten. Vielleicht das nächste Mal."

---

2 das Kostüm, -e: besondere Kleidung im Theater oder für ein historisches Fest

Kapitel | 5

Ein schöner Abend am Neumarkt. An der Kapuzinerkirche, vor dem Eingang zur Kaisergruft, steht eine Gruppe von Touristen.
Sie warten auf eine Führung. Ihr Fremdenführer, Stephan
5 Molnar, sieht interessant aus. Er trägt ein historisches Kostüm aus der Barock-Zeit und hat eine Perücke auf. Jetzt erzählt er etwas über die Gruft und wer dort liegt.
Da hört man vom Platz gegenüber einen Straßenmusiker, der auf der Harmonika spielt und ein Lied von Georg Kreisler
10 singt:
  „Der Tod, das muss ein Wiener sein ..."
Stephan hört es und hat ein komisches Gefühl, er fühlt sich plötzlich nicht gut.
Da kommt langsam aus einer Ecke ein Mann mit Hut und
15 stellt sich zur Gruppe. Der Angestellte an der Kasse erkennt ihn: „Grüß Gott, Herr Ingenieur. Da war wieder etwas über Sie in der „Ring-Zeitung. Diese Baustelle am Hauptbahnhof ..."
„Egal, heute Abend mache ich etwas in Kultur. Prima, oder?"
20 Stephan führt die Gruppe hinunter in die Gruft und jetzt merkt er, dass Bruno auch dabei ist.

  6 die Perücke, -n: künstliche Haare, wie im Barock
  9 Das Lied „Der Tod, das muss ein Wiener sein ..." von Georg Kreisler kann man im Internet anhören.
  11 der Tod, -e: er kommt, wenn man sterben wird
  19 macht in Kultur *umgangssprachlich für:* an einem Kulturprogramm teilnehmen

Da stehen große und schöne Sarkophage aus Stein oder Metall, in denen die alten Könige und Kaiser von Österreich liegen.
„Da liegen der Kaiser Matthias, die Kaiser Leopold I., Karl VI., Joseph II., die Kaiserin Maria Theresia und hier …"
Plötzlich sieht er Bruno und stoppt seinen Rundgang: „Hallo, was machen Sie denn hier?"
Bruno antwortet scharf: „Was ich hier mache? Ein bisschen Kultur schadet doch nicht, oder? Störe ich vielleicht?"
„Nein, nein." Stephan ist wieder etwas nervös.
„Na, dann mach weiter, zum Beispiel mit diesem Sarg von der Maria Theresia – ein tolles Stück! Schau dir nur diesen Totenkopf an!" Und weg ist er.
Stephan ist es langsam zu kalt in dieser Gruft, und er macht mit seiner Führung so schnell wie möglich Schluss.
„Wenn Sie die Treppe hinaufgehen und dann hinausgehen, machen Sie bitte die Eingangstür zu. Es ist niemand mehr

---

1 der Sarkophag, -e: ein besonderer Sarg mit viel Dekoration
2 der König, -e, die Königin,-nen: hatten früher die Führung eines Landes
2 Kaiser, -, die Kaiserin, -nen: hatten früher die Führung von großen Ländern

da. Vielen Dank für Ihr Interesse und schönen Abend!"

Stephan geht zurück zum Sarkophag von Maria Theresia und
5 will seine Papiere holen. Die liegen nach dem Treffen mit Bruno noch da.

Er sammelt alles ein, und plötzlich hat er ein komisches Gefühl:
10 Hinter ihm steht jemand!

„Das hast du nicht gedacht, dass ich noch da bin, oder? Endlich habe ich dich erwischt – allein!"

Bruno kommt ihm immer näher und drückt ihn gegen den Sarkophag.

15 „Du hast ja Angst, du Armer – Schauspieler, Tanzbär, Clown, was noch alles? – Du bist doch ein Nichts!"

„He! Nicht so! Was wollen Sie von mir?"

„Was ich will, ist doch klar. Lass die Finger von der Isabel!"

Jetzt versteht Stephan. „Ach so, das ist es! Das mit Isabel und
20 mir geht Sie gar nichts an, rein gar nichts."

„Noch einmal: Lass die Finger von ihr, sonst …" Bruno wird laut.

„Wollen Sie mir drohen?" Stephan fühlt, etwas wird passieren.

25 „Genug! Gleich kriegst a Watsch'n, und wenn das nicht hilft, lösen wir das Problem anders." Und er schlägt Stephan mit der Hand ins Gesicht.

---

12 erwischen: mit Glück etwas erreichen oder bekommen
18 Lass die Finger von Isabel!: keine Kontakte mehr zu ihr!
23 drohen: jemandem Angst machen
25 die Watsch'n *österr. für:* Ohrfeige, ein Schlag mit der Hand ins Gesicht

Stephan fällt gegen den Sarkophag und hart auf den Boden.
„Servus, bis zum nächsten Mal!" Bruno läuft weg, die Treppe hoch und zur Eingangstür hinaus, die offen bleibt.
Dann geht er direkt zum „Gösser", seinem Lieblingslokal, und trinkt dort zufrieden ein großes Bier.

*

Nachts um eins kommt eine Gruppe von Jugendlichen am Neumarkt vorbei. Fabian und seine Freunde waren auf einer Party. Da sehen sie etwas: „Fabi, schau mal, in der Kaisergruft ist Licht und die Eingangstür steht offen. Das ist nicht normal. Geh, schauen wir einmal – vielleicht machen die Gruftis gerade eine Party?"
Vorsichtig steigen sie hinunter in die kalte Luft.
Sie wollen gerade zurückgehen, da sieht Fabian etwas: „Was ist denn das? Da liegt jemand auf dem Boden! Vielleicht hat der was getrunken und schläft hier?" Und er macht ein Foto mit dem Handy. „Jetzt aber schnell weg!", ruft er.

11 Gruftis: junge Leute, die nachts gerne in der Nähe von Särgen sind und schwarze Kleidung tragen

Kapitel | 6

Am nächsten Morgen machen die Museumsangestellten ihren täglichen Rundgang, bevor die ersten Besucher kommen. Sie sehen, dass die Eingangstür offen steht und dass das Licht noch an ist.

„Der Letzte gestern Abend war doch der Stephan, und der ist immer ganz genau!"

„Halt, Dominik, was sehe ich da?"

„Du, da liegt einer, direkt neben dem Sarkophag von der Maria Theresia. Was macht der denn da? Schläft der?"

Sie gehen näher hin und merken: „Der ist ja ganz kalt und da ist auch Blut."

„Das ist ein Toter zu viel!"

„Jössas! Das ist ja der Stephan! Was ist denn dem passiert?"

13 Jössas! *österr. Ausruf* bei einem Schock

„Niko, ruf gleich die Kieberer an und die Rettung!"
„Hallo, hier ist die Kaisergruft am Neumarkt. Wir haben hier einen Toten!"
Der Polizist antwortet: „Ihr habt doch dort viele Tote ..."
„Nein, das ist ein Toter zu viel! Wahrscheinlich ein Unfall."
Schnell ist die Polizei da, die Rettung kommt sofort. Und sie nehmen Stephan mit.

*

Isabel bekommt einen Anruf. Es ist Artur, der Kollege von Stephan am Theater. „Frau Hofmeister, eine wichtige Frage: Wir haben gerade Theaterprobe, und Stephan ist nicht da. Zu Hause ist er auch nicht, aber vielleicht bei Ihnen?"
„Leider nicht, ich habe ihn gestern Nachmittag zuletzt gesehen. Er ist dann zur Kaisergruft gegangen und wollte eine Abendführung machen."
„Danke für die Auskunft und alles Gute. Servus!"
Kurz danach kommt wieder ein Anruf: „Kommissariat 3. Bezirk, Mittermaier, grüß Gott. Spreche ich mit Isabel Hofmeister?"
„Ja, warum?"
„Wir haben einen Toten gefunden. Nach dem Ausweis in seiner Tasche heißt er Stephan Molnar."
„Was sagen Sie da?" Isabel ist starr vor Schreck, aber Lisa ist bei ihr und bringt ihr einen Stuhl.
„Sind Sie sicher?"

---

1 der Kieberer (Pl.: Kieberer) *österr. für:* Polizist
6 die Rettung (hier nur Sg.) *in Österreich:* Notarzt und Notarztwagen
22 starr vor Schreck: hat einen schrecklichen Schock

„Ja, absolut. Er hatte ein Handy. Und auf dem ist auch sehr oft Ihr Name und Ihre Telefonnummer. Deshalb rufen wir Sie an. Sie kennen – pardon! – kannten Herrn Molnar?"
Jetzt kann Isabel nicht mehr. Lisa nimmt ihr das Telefon aus der Hand. „Hören Sie, Frau Hofmeister und er waren eng befreundet, und jetzt hat sie einen schweren Schock. Mein Name ist Aumann. Können wir morgen ins Kommissariat kommen? Wir wollen Genaueres wissen."
„Passt scho, aber bringen Sie ihre Ausweise mit."

*

Fabian kommt nach Hause und hört, was Isabel erfahren hat.
„Isabel, das tut mir sehr leid. Das ist schrecklich."
Da fällt ihm etwas ein: „Du, gestern Nacht haben wir etwas Verbotenes getan: Wir waren in der Gruft, weil die Eingangstür noch offen war. Da haben wir einen gesehen. Er lag auf dem Boden. Ich habe ein Foto mit dem Handy gemacht."
Und er zeigt ihr das Foto.

---

1 absolut: sicher, genau
9 Passt scho *österr. für:* Das ist in Ordnung.
12 Da fällt ihm etwas ein: er denkt etwas, er erinnert sich

Kapitel | 7

Elisabeth wartet nicht, bis Isabel zur Ruhe kommt. Sie wird sofort aktiv: „Hör mal, Isabel, wir brauchen jetzt mehr Informationen und müssen wissen, was genau passiert ist. Ich schlage vor, wir gehen zusammen zur Gruft und dann zur Polizei, aber nicht erst morgen."
„Lisa, das ist natürlich eine gute Idee, aber ich kann nicht. Das wäre für mich zu viel Stress, verstehst du?"
„Gut, wenn du willst, gehe ich allein und erzähle dir dann alles. Ich glaube, das war kein Unfall, und ich möchte den Täter finden."
Isabel dankt ihr und schreibt ihr kurz eine Vollmacht, dass Elisabeth alles fragen und wissen darf.

*

Zuerst geht Elisabeth zur Kaisergruft. Einer von den Angestellten, die Stephan gefunden haben, ist noch an der Kasse. Sie fragt ihn direkt zum Unfall von Stephan:
„Haben Sie am Abend, als Herr Molnar die Führung machte, etwas Besonderes gesehen oder gehört?"
„Nein, der hat wie immer mit der Führung angefangen. Ich hatte dann Feierabend und bin dann nach Hause gefahren. Der Herr Molnar hat die Schlüssel und schließt immer alles ab – da war er sehr genau."
„Haben Sie etwas gesehen, was nicht normal war?"

10 der Täter, -: Verbrecher, Krimineller
11 die Vollmacht, -en: mit diesem Papier darf man für jemanden etwas tun

„Ja, in der Touristengruppe – Japaner oder Chinesen – stand ein großer Mann: Bruno Krawitz. Über den steht immer wieder etwas in der Zeitung, oft nichts Gutes. Und ich habe gedacht: Komisch, was macht der denn hier? Wir haben doch hier keine Baustelle!"

*

Jetzt besucht Elisabeth das Kommissariat im dritten Bezirk.
Dort stellt sie sich vor und zeigt den Polizisten die Vollmacht und ihre Visitenkarte.

DEKTEKTEI SIRIUS
Dr. Elisabeth Aumann
Markus Berg

Glockengasse 12/III
D-58821 Köln
Tel. 02 28/33 51 27-0
E-Mail: info@Sirius.com

„Öha! Eine Detektivin, aus Deutschland! Was können wir für Sie tun? Gibt es ein Problem?"
„Ein großes! Es geht um Stephan Molnar."
„Sie meinen diesen Unfall? Die Untersuchung ist fertig, ist abgeschlossen."
„Für mich nicht. Das war kein Unfall. Wir haben da einen Verdacht."
„Was sagen Sie da? Sie haben einen Verdacht? Gegen wen?"
„Bruno Krawitz – den kennen Sie doch, oder? – hatte Streit mit Stephan Molnar und hat ihm ein paar Mal gedroht. Es war Eifersucht wegen Isabel Hofmeister. Und an dem Abend war Krawitz auch in der Gruft."

20 der Verdacht, -e: glauben, dass jemand etwas Böses getan hat
24 die Eifersucht, die Eifersüchte: man will den Partner/die Partnerin nur für sich haben

„Hören Sie jetzt aber auf mit solchen falschen Geschichten!
Stören Sie nicht weiter unsere Arbeit, Schluss! Herr Krawitz
ist in Ordnung, der macht einen guten Job."
„Und die vielen Unfälle auf seiner Baustelle?"
„Die Leute sind halt nicht vorsichtig, und es muss immer
alles schnell gehen. Aber wir schauen nach. Noch was?"
„Ja, könnte man nicht noch eine DNA-Analyse machen?"
„Klar, aber dazu brauchen wir etwas zum Vergleich."
„Morgen bekommen Sie etwas von mir."
„Geht schon, aber nur mit Anmeldung." Der Polizist ist froh,
dass sie jetzt geht, und sagt noch zu seinem Kollegen:
„Diese Deutschen, diese …"

*

War es nur ein Unfall oder doch mehr? Elisabeth macht sich
Gedanken und ruft ihren Kollegen Markus Berg an. Dann
erzählt sie ihm, was passiert ist und was sie bis jetzt weiß.
„Die Sache ist klar: Eifersucht! Und da passiert oft was
Schlimmes. Aber das ist Privatsache …"
„Nein, Markus, das hier nicht mehr. Wir haben einen Toten,
und ich will Isabel helfen und den Täter finden. Die Polizei
glaubt, dass es nur ein Unfall war."
„Und jetzt suchst du nach Beweisen?"
„Genau, und ich werde ihm eine Falle stellen."
„Aber dieser Bruno ist gefährlich."
„Weiß ich, und du kannst sicher sein: Ich passe auf!"

   1 die Geschichte, -n: was jemand erzählt oder schreibt
  10 Geht schon *österr. für:* Das ist in Ordnung.
  21 der Beweis, -e: zeigt, dass etwas richtig oder wahr ist
  22 die Falle, -n, eine Falle stellen, *hier:* ein Trick, mit dem man ein Tier
     oder einen Menschen fängt

„Gib mir noch schnell alle Daten von Isabel, den Hofmeisters, vom Kommissariat und von diesem Herrn Krawitz."
„Ich brauche aber deine Hilfe nicht."
„Egal. Also, sei vorsichtig, triff ihn nicht allein und geh nicht auf diese Baustelle."
„Danke, großer Bruder!"

*

An der Haustür der Hofmeisters klingelt es:
„Hallo, da bin ich, Bruno!"
„Lasst ihn nicht rein", sagt Isabel schnell.
„Doch, das ist wichtig, du wirst schon sehen." Elisabeth will ihm jetzt eine Falle stellen.
Da kommt er auch schon, mit Schokolade und einer Flasche Wein: „Für die Damen! Und besonders für dich, liebe Isabel."
Isabel will weglaufen, aber Elisabeth sagt leise zu ihr: „Bleib da, das wird jetzt interessant."
Bruno und Herr Hofmeister unterhalten sich gerade über die zukünftige Hausrenovierung.
Da stellt sich Elisabeth vor und erklärt: „Isabel ist sehr traurig, dass Stephan tot ist, und will zurzeit mit niemandem Kontakt. Ich spreche jetzt für sie."
„Ich habe davon in der Ring-Zeitung gelesen. So ein Unfall kann jedem von uns passieren. Tut mir leid", sagt Bruno.
Zu Elisabeth sagt Isabel leise: „So ein Mistkerl! Er denkt, er hat jetzt bei mir freie Bahn. Er denkt, er kriegt jetzt alles, was er will. Aber mich nicht."
„Die Polizei untersucht gerade den Toten. Man sucht jetzt nach DNA-Spuren", erklärt Elisabeth, und dabei nimmt sie,

19 zurzeit: jetzt
23 Mistkerl, -e: negatives Wort für einen negativen Mann

ohne dass Bruno es merkt, mit ihren Fingern zwei Haare von seiner Jacke.
„DNA-Spuren? Wieso denn das?"
Jetzt verliert Bruno die Kontrolle und schreit:
„Das war doch ein Unfall! Der ist doch nur umgefallen! Ja, wir haben Streit gehabt und …"
„Und was?" Jetzt ist für Elisabeth der richtige Moment.
„Ach, du warst es!", ruft Isabel.
„Aus, jetzt gehe ich. Wir sind doch hier nicht bei der Polizei!"
Und er läuft weg.

*

Kurz danach klingelt das Handy von Elisabeth.
„Hallo, hier ist Bruno."
„Woher hat der nur meine Handy-Nummer?", denkt Elisabeth.
„Ja, bitte?"
„Entschuldigung, das war nicht sehr höflich von mir."
„Ist egal."
„Sie haben gesagt, Sie haben Beweise gegen mich. Die interessieren mich aber sehr. Kommen Sie doch morgen zu mir, in mein Büro auf der Baustelle. Geht das?"

---

3 die Spur, -en, *hier:* kleine Informationen

Kapitel | 8

Es ist ein schöner Sommertag in Wien.
Elisabeth geht zum Kommissariat und bringt die Haare für eine DNA-Analyse hin.
Die Polizisten freuen sich nicht darüber, aber sie versprechen, dass alles noch einmal untersucht wird.
Jetzt fährt sie zur Baustelle Hauptbahnhof. Isabel wollte nicht, dass sie dorthin geht, denn Bruno ist gefährlich. Aber sie hat von ihr feste Schuhe bekommen und ist optimistisch.
Sie steigt hinauf und sucht das Büro von Bruno.
Auf dem Weg trifft sie einen jungen Arbeiter: „Hallo, ich bin der Ludwig, der Freund von Fabi. Der hat mir gesagt, dass Sie hierher kommen, und ich soll aufpassen, dass nichts passiert."
„Danke, alles in bester Ordnung", antwortet Elisabeth.
„Nein, gar nicht. Passen Sie auf, wenn der die Wut kriegt, dann passiert immer was."
Sie macht die Tür zum Büro auf und – da steht Bruno schon.
„Tür zu! Jetzt reden wir miteinander. Was war das mit den Beweisen? Alles nix, oder?"
„Herr Krawitz, waren Sie am Abend in der Gruft?"
„Ja."
„Haben Sie Stephan gedroht, oft gedroht?"

8 feste Schuhe: Schuhe für eine Bergtour oder auf einer Baustelle
8 optimistisch: positiv im Denken
9 steigen: hinauf gehen
15 die Wut (nur Sg.): wenn er böse wird

„Ja, aber ich war im Recht."
„Haben Sie in der Gruft Streit gehabt."
„Ja, das ist doch normal."
„Haben Sie ihn dann geschlagen?"
„Ja, Ihnen sage ich das, aber sonst niemandem."
„Was ist dann passiert?"
„Ich hab ihm a Watsch'n gegeben. Von meinem Vater habe ich oft eine gekriegt, war nicht falsch."
„Und ist er dann gegen den Sarkophag gefallen?"
„Möglich, aber ich bin dann weggegangen. Von einer Watsch'n stirbt man doch nicht!"
„Das muss die Polizei untersuchen. Am besten gehen Sie hin und erzählen alles. Die machen auch jetzt eine DNA-Analyse."
„Was soll ich? Zur Polizei gehen? Sind Sie verrückt?"
Elisabeth sieht: Vor Wut bekommt er ein rotes Gesicht!
Er will sie schlagen, aber sie läuft hinaus.

Fast passiert ein schwerer Unfall, denn sie sieht die Baugrube vor sich nicht, voller Beton – aber Elisabeth hat Glück: Sie fällt nicht hinein, denn zwei Arbeiter halten sie zurück.
Die Arbeiter rufen: „Vorsicht! Da sind schon zwei andere reingefallen!"
Bruno kommt näher: „Wer – was?"
Ludwig wird jetzt ganz direkt: „Der Ingo Wondrascheck und der Mirko Kradno. Wo sind die jetzt? Da unten! Ich weiß es."
„Ihr alle, euch brauche ich nicht mehr, haut ab!"
Dann brüllt er noch hinter ihr her: „Ich bin kein Mörder!"
Elisabeth läuft schnell mit den anderen weg.
Sie gehen zusammen in ein Stehcafé. Elisabeth will mit den Arbeitern sprechen, und sie erzählen ihr von ihren Problemen mit Bruno.

9 haut ab!: negativer Ausdruck für „geht weg!"
10 brüllen: laut rufen
10 der Mörder, -: will einen anderen Menschen töten und tut es
12 das Stehcafé, -s: ein Café ohne Stühle, man steht an kleinen, hohen Tischen

Kapitel | 9

Nach diesen traurigen Tagen schlägt Isabel vor, zusammen ins Weindorf Grinzing zu fahren. Dort, meint sie, kann man in der schönen Natur bei Musik und Wein für einige Momente die schlimmen Erfahrungen vergessen.
Sie sitzen in einem schönen Gartenlokal, und Isabel erklärt ihrer Freundin das Besondere an diesem Ort.
„Es gibt um Wien herum viele Weindörfer, aber ich finde, Grinzing ist das schönste. Das wissen natürlich auch die Touristen."
Der Kellner bringt Wein.

„Das ist ein Heuriger, das heißt ein frischer, „neuer" Wein von diesem Jahr – weißt du, das Wort „heuer" bedeutet bei uns „dieses Jahr", erklärt Isabel. „Jetzt sagen wir aber Prost, auf bessere Zeiten!"
5 „Prosit!"
„Ich habe nämlich noch eine sehr gute Nachricht: Die Stadt Wien gibt uns wahrscheinlich Geld für die Renovierung unseres Hauses, weil das alt und historisch ist", erzählt Isabel, „das ist die Lösung für unser Problem!"
10 „Servus", sagt da plötzlich eine laute Stimme hinter ihnen.
„Schön, dass die Damen auch hier sind!"
Es ist Bruno. Er ist mit Geschäftsfreunden gekommen und setzt sich mit ihnen in der Nähe an einen Tisch.
Aber Isabel gibt keine Antwort, und Elisabeth schaut ihn
15 nicht einmal an.
Jetzt beginnt die Musik. „Lisa, das ist unsere Schrammelmusik, Volksmusik, gespielt von einer kleinen Gruppe – Violine, Klarinette, Gitarre, Akkordeon – gefällt dir das?"
„Das passt gut zur Atmosphäre und zum Wein. Isabel, danke,
20 dass wir hier sind."
Die Musiker spielen ihre Stücke. Da steht Bruno auf und geht zu ihnen. „Warum denn diese traurige Musik, habt ihr nichts Lustiges?"
Doch in diesem Moment hört die Musik auf, denn plötzlich
25 stehen zwei Polizisten im Lokal. Sie fragen die Gäste:
„Ist hier vielleicht ein Herr Krawitz?"
„Ja, hier bin ich! Was gibt's?"
„Wir müssen Sie leider verhaften. Kommen Sie mit!"
„Was? Das kann doch nicht wahr sein!"

29 nicht wahr sein: nicht stimmen, nicht richtig sein

„Doch. Da war wieder ein Unfall, Herr Ingenieur. Und das noch in der Kaisergruft – das war ein Toter zu viel."
„Ich werde jetzt meinen Anwalt anrufen!"
„Das können Sie auch im Kommissariat tun. Gemma!"
„Kann ich wenigstens mein Glas austrinken?"
„Nein, wir gehen jetzt!"
Da ruft er noch Isabel zu: „Warte auf mich. Ich komme bald wieder. Servus!"
Jetzt spielt wieder die Musik, und einer singt das traurige Lied:
„Es wird ein Wein sein, und wir werd'n nimmer sein ..."

Ende

---

4 gemma *österr. für:* Los, gehen wir!

10 Das Lied „Es wird ein Wein sein, und wir werd'n nimmer sein ..." von Ludwig Gruber kann man im Internet anhören.

11 nimmer *österr. für:* nicht mehr

Landeskunde Wien

Wien, die wundervolle Hauptstadt von Österreich!
Informieren Sie sich über diese und andere Attraktionen
von Wien über www.wien.info!

Teil A
Wien liegt an der berühmten Donau. Diese Stadt hat eine große Tradition und ist heute modern, bunt und sehr attraktiv.

Teil B
Der Stephansdom, die Hauptkirche von Wien. Die Wiener nennen ihn „Steffel". Rund um den Steffel ist die Altstadt.
Mit dem „Fiaker", einer Pferdekutsche, kann man von dort durch die Stadt fahren.

Teil C
Der Prater ist ein großer Vergnügungspark mit dem Riesenrad als Hauptattraktion. Von da aus kann man ganz Wien sehen. Und dieser Park ist auch ein beliebter Jugendtreff.

Teil D
Wiener Spezialitäten:

Wiener Schnitzel (aus Kalbfleisch!)

Original Sachertorte

Teil E
Wiener Architektur:
verschiedene Baustile aus vielen Jahrhunderten:

klassisch: die Wiener Hofburg, mit dem Denkmal von Prinz Eugen, das Belvedere und das Schloss Schönbrunn

alternativ: das Hundertwasserhaus

modern: die UNO-City

Teil F
Wiener Musik aus verschiedenen Epochen:
klassische Musik: Wolfgang Amadeus Mozart und andere …,
Wiener Walzer: Johann Strauss, Vater und Sohn,
Volksmusik: Schrammelmusik beim Heurigen in Grinzing

Übungen

Kapitel 1

Ü1   Der Krimi spielt in _____ .

Ü2   Dr. Elisabeth Aumann und Markus Berg haben
      die Detektei _____ in _____ .

Ü3   Warum macht Elisabeth diese Reise?
      Ihre Freundin Isabel hat sie _____ .

Ü4   Isabel will ihre _____ feiern.

Ü5   Was will Elisabeth außerdem sehen?
      _____ ,
      _____

Kapitel 2

Ü1   Isabel ist zu Bruno Krawitz sehr kühl.
      Wie sieht man das?
      _____

Ü2   Welche Meinung hat Fabian von Bruno?
      a. Er findet ihn nett.   ☐
      b. Er hat eine schlechte Meinung über ihn.   ☐
      c. Er findet ihn unsympathisch.   ☐
      d. Er findet ihn stark und interessant.   ☐

Ü3 Warum mag Isabel diesen Bruno nicht mehr?
   a. Er gefällt ihr nicht mehr. ☐
   b. Sie hat jetzt einen neuen Freund. ☐
   c. Sie hat Angst vor der Ehe mit ihm. ☐

Ü4 Wie ist das Haus der Hofmeisters?
   ☐ sehr alt ☐ schön ☐ ziemlich kaputt
   ☐ zu groß ☐ zu teuer ☐ einfach und gemütlich
   ☐ ziemlich hässlich ☐ wunderbar
   ☐ _____ (Ihre Meinung)

Ü5 Herr Hofmeister kann die Reparaturen nicht bezahlen, denn er _____ nicht genug.
Bruno macht ihm ein tolles _____ :
Er wird das Haus _____ !

Ü6 Was meint Bruno mit „Um diesen Stephan werde ich mich noch kümmern"? Was plant er vielleicht?
_____

Kapitel 3

Ü1 Elisabeth kommt an und hat sofort eine neugierige Frage: _____

Ü2 Etwas Wichtiges hat sich geändert:
Isabel hat plötzlich einen neuen Mann _____ .
Und jetzt gibt es keine Verlobung und keine
_____ mehr. Isabel _____ _____ ,
dass sie nicht früher Bescheid gesagt hat. Aber Elisabeth ist nicht traurig darüber. Vielleicht braucht Isabel Hilfe, wenn etwas _____ passiert.

Ü3 Was ist für Isabel der Unterschied zwischen Bruno [B] und Stephan [St] ? Notieren Sie:
  a. Er verdient gut. ☐
  b. Er hat Geldprobleme. ☐
  c. Er hat eine feste Stelle. ☐
  d. Er ist ein Künstler. ☐
  e. Er ist ein netter Mann. ☐
  f. Er ist ihre neue Liebe. ☐
  g. Er macht Musik. ☐
  h. Für ihre Eltern wäre er besser für sie. ☐

Ü4 Stephan Molnar arbeitet als _____.

> Taxifahrer – Theaterschauspieler – Fremdenführer – Fitness-Trainer – Tanzlehrer – Kellner in Grinzing

Ü5 Was lernen die Touristen bei Stephan?
_____

Kapitel 4

Ü1 Bruno ist am Telefon sehr aggressiv: „Du hörst damit auf, sonst …". Was meint er mit *sonst*?
  a. Er ist nicht mehr an Isabel interessiert. ☐
  b. Er macht Stephan Angst, dass etwas passiert. ☐
  c. Er will sich mit Stephan sofort streiten. ☐
  d. Er will das Problem in Isabels Familie lösen. ☐

Ü2 Informieren Sie sich: In welchem Science-Fiction-Film war dieser Walzer der Soundtrack?
  In dem Film _____ .

Ü3 Welche Nationalität hat Artur?
Er ist _____ .

Ü4 Was soll Stephan nicht vergessen?
Morgen ist im Theater_____ .

Ü5 Was sagen die Elisabeth und Isabel zur besonderen Kleidung von Stephan?
_____ !

Ü6 Stephan will sie zu seiner Führung _____ , aber sie können nicht mitkommen.

Kapitel 5

Ü1 Was passiert dann in der Gruft?
Notieren Sie die richtige Reihenfolge:
- [ ] Bruno läuft hinaus und lässt Stephan liegen.
- [ ] Stephan sieht plötzlich Bruno in der Gruppe.
- [ ] Stephan fällt hin, gegen den Sarkophag.
- [ ] Bruno kommt zurück und beginnt einen Streit.
- [1] Bruno ist dem Angestellten an der Kasse bekannt.
- [ ] Bruno schlägt Stephan ins Gesicht.
- [ ] Stephan macht die Führung für die Touristen.
- [ ] Bruno will, dass Stephan nicht mehr mit Isabel zusammen ist.
- [ ] Stephan schließt die Führung ab.
- [ ] Stephan gibt Bruno eine negative Antwort.

Ü2 **Warum gehen die Jugendlichen in die Gruft?**
Sie sind _____ .
Sie laufen weg, als sie den Körper sehen,
denn _____ .

Ü3 **Finden Sie das richtig?**
_____ .

Kapitel 6

Ü1 **Die Museumsangestellten finden Stephan auf dem Boden. Zuerst denken sie, dass er _____ .
Sie merken, dass Stephan nicht mehr _____ .**

Ü2 **Dann rufen sie die Polizei an:**
„Wir haben hier einen Toten. Das ist _____ !

Ü3 **Isabel bekommt schreckliche Nachrichten. Ergänzen Sie die passenden Wörter:**

> Ausweis – fällt ... ein – ~~fehlt~~ – gefunden –
> Genaueres – gesehen – Ihnen – gemacht –
> kannten – Schock – stehen

a. Erster Anruf von Artur: „Stephan _fehlt_ bei der Probe. Wo ist er?"
b. Zweiter Anruf von der Polizei: Wir haben hier einen Toten _____ . In seinem _____ steht sein Name: Stephan Molnar. Und auf seinem Handy _____ Ihr Name und Ihre Telefonnummer.
c. Sie _____ ihn?"

d. „Hier ist Elisabeth Aumann, Frau Hofmeister hat einen schweren _____ . Können wir morgen zu _____ kommen? Wir wollen _____ wissen."

e. Da _____ Fabian _____ : „Wir haben einen in der Gruft _____ , und ich habe ein Foto von ihm _____ "

Kapitel 7

Ü1 Elisabeth wird aktiv.
„Ich _____ _____ , wir gehen zusammen zur Gruft. Ich glaube, das war kein _____ ."

Ü2 Das Gespräch mit dem Polizisten ist kompliziert und nicht immer freundlich.
Was sagt er? ☑   Was sagt er nicht? ☒

a. Willkommen bei uns! Eine Detektivin? Wir freuen uns. ☐
b. Die Untersuchung des Unfalls ist fertig. ☐
c. Das war vielleicht kein Unfall. ☐
d. Sie stören hier. ☐
e. Erzählen Sie uns nicht solche Geschichten! ☐
f. Bruno Krawitz ist ein guter Mann. ☐
g. Es gibt keine Unfälle auf der Baustelle. ☐
h. Für eine DNA-Analyse brauchen wir Material. ☐
i. Wir können morgen zusammen zur Baustelle gehen. ☐

Ü3 Welche Meinung hat der Polizist von den Deutschen? Was sagt er vielleicht zu seinem Kollegen?
Diese _____ !

Ü4 **Elisabeth telefoniert mit Markus.**
Was ist hier richtig, was nicht?
1. Für Markus ist das …
   a. nur eine Privatsache. ☐
   b. keine Privatsache. ☐
2. Elisabeth …
   a. will die Wahrheit finden. ☐
   b. weiß schon alles. ☐
3. Sie …
   a. hat schon die Beweise. ☐
   b. braucht noch Beweise. ☐
4. Markus warnt sie:
   a. „Gehe nicht allein zu diesem Bruno, er ist gefährlich." ☐
   b. „Tue jetzt nichts, ich komme und helfe dir." ☐

Ü5 **Was passiert bei dem Besuch von Bruno bei der Familie Hofmeister?**
a. Elisabeth nimmt _____ von seiner Jacke, aber er _____ es nicht.
b. Sie lügt und sagt, dass die Polizei den Toten noch _____ .
c. Die Falle funktioniert! Bruno verliert die _____ und sagt, dass es einen _____ zwischen ihm und Stephan gab. Und dann passierte dieser _____ .

Kapitel 8

Ü1 **Elisabeth geht zu Bruno auf die Baustelle.**
Diskussion: Finden Sie das gut oder richtig?
Warum?/ Warum nicht? _____

Ü2 Auf dem Weg trifft sie Ludwig, den Freund von
Fabian. Er sagt ihr, sie soll _____ ,
denn dieser Bruno ist gefährlich.

Ü3 Im Büro von Bruno kommt es zu einem harten
Streitgespräch. Was antwortet er?
Ergänzen Sie, was Sie meinen:

Elisabeth: Waren Sie am Abend in der Gruft?
Bruno: _____ (1)
E: Haben Sie Stephan gedroht?
B: _____ (2)
E: Hatten Sie Streit?
B: _____ (3)
E: Was ist dann passiert?
B: _____ (4)
E: Fiel er dann gegen den Sarkophag ?
B: _____ (5)
E: Was haben Sie dann gemacht?
B: _____ (6)
E: Am besten, Sie gehen zur Polizei und erzählen alles.
B: _____ (7)

Ü4 **Bruno schickt die Arbeiter weg und brüllt noch:**
„Ich bin _____ !"

Kapitel 9

Ü1 Isabel schlägt Elisabeth vor, nach Grinzing zu fahren, für ein paar schöne Stunden.
Was erzählt Isabel über Grinzing?
Was können Sie selbst im Internet über diesen Ort finden?

Ü2 **Beim Wein erzählt Isabel, dass es eine Lösung für das Renovierungsproblem gibt.**
Die Stadt Wien _____ !

Ü3 Plötzlich kommt _____ an und stört sie.
Und was gefällt ihm nicht? _____

Ü4 **In diesem Moment sind zwei „Kieberer" im Lokal angekommen und wollen Bruno mitnehmen.**
„Herr Krawitz, da war wieder so ein _____, dieses Mal in der Kaisergruft: Das war _____!"

Kapitel 1–9

Ü1 **Wie fanden Sie diese Personen?**
sympathisch [+]   unsympathisch [−]
nicht so interessant [?]

Isabel ☐ Stephan ☐ Bruno ☐ Elisabeth ☐
Herr Hofmeister ☐ der Polizist im Büro ☐
Fabian ☐ Artur Trotzki ☐ Frau Hofmeister ☐

Ü2 **Hier sind die Titel zu den Kapiteln 1–9. Finden Sie das richtige Kapitel.**

- [ ] Die Freundinnen verstehen sich
- [ ] Schlechte Nachrichten für Isabel
- [ ] Elisabeth plant eine Reise nach Wien
- [ ] War es ein Unfall oder mehr?
- [4] Der letzte Wiener Walzer
- [ ] Grinzing und das Ende von Bruno
- [ ] Gefährlicher Besuch auf der Baustelle
- [ ] Ein Toter in der Gruft
- [ ] Das Angebot von Bruno

Ü3 **Wie geht es weiter mit der Geschichte und den Personen? Was sind Ihre Ideen?**

a. Isabel wird Chefin von „Austro-Tourist" und heiratet den Wiener Bürgermeister.

b. Die Hofmeisters verkaufen ihr Haus und ziehen aufs Land.

c. Bruno kommt nach fünf Jahren frei und geht in die Politik.

d. Fabian studiert Jura in Köln und will Detektiv werden.

e. Elisabeth geht zurück nach Köln und macht zum ersten Mal zusammen mit Markus Urlaub in _____ .

Lösungen

Kapitel 1
Ü1 Wien
Ü2 Sirius, Köln
Ü3 eingeladen
Ü4 Verlobung
Ü5 die Donau, das Schloss Schönbrunn, Grinzing, den Prater

Kapitel 2
Ü1 kein Küsschen, gibt ihm nur die Hand
Ü2 b, c
Ü3 a, b, c
Ü4 sehr alt/schön/ziemlich kaputt/wunderbar/…?
Ü5 verdient, Angebot, renovieren
Ü6 Er will Streit./Er hat etwas vor./(Ihre Idee)

Kapitel 3
Ü1 Wer ist dein zukünftiger Ehemann?
Ü2 kennengelernt, Hochzeit, entschuldigt sich, Schlimmes
Ü3 a: B, b: St, c: B, d: St, e: St, f: St, g: St, h: B
Ü4 Theaterschauspieler, Fremdenführer, Tanzlehrer
Ü5 Wiener Walzer tanzen

Kapitel 4
Ü1 b
Ü2 „2001: Odyssee im Weltraum"
Ü3 Russe
Ü4 Probe
Ü5 Du siehst toll aus!
Ü6 einladen

Kapitel 5
Ü1 10, 3, 9, 5, 1, 8, 2, 6, 4, 7
Ü2 neugierig, sie haben Angst vor der Polizei
Ü3 (Ihre Meinung)

Kapitel 6
Ü1 schläft, lebt
Ü2 ein Toter zu viel!
Ü3 a: fehlt
   b: gefunden, Ausweis, stehen
   c: kannten
   d: Schock, Ihnen, Genaueres
   e: fällt … ein, gesehen, gemacht

Kapitel 7
Ü1 schlage vor, Unfall
Ü2 a: ☒, b: ☑, c: ☒, d: ☑, e: ☑, f: ☑, g: ☒, h: ☑, i: ☒
Ü3 (Ihre Idee)
Ü4 1a, 2a, 3b, 4a
Ü5 a: zwei Haare, merkt
   b: untersucht
   c: Kontrolle, Streit, Unfall

Kapitel 8
Ü1 (Ihre Meinung)
Ü2 nicht hingehen/
nicht zu Bruno gehen
Ü3 (1) Ja.
(2) Ja, ich hatte recht.
(3) Das ist normal.
(4) Ich habe ihm a Watsch'n gegeben/geschlagen.
(5) Möglich.
(6) Ich bin dann weggegangen.
(7) Was soll ich? Sind Sie verrückt?
Ü4 kein Mörder!

Kapitel 9
Ü1 (Suchen Sie Informationen!)
Ü2 gibt das Geld dafür
Ü3 Bruno, die traurige Musik
Ü4 Toter, ein Toter zu viel!

Kapitel 1–9
Ü 1 (Ihre Meinung)
Ü 2 3, 6, 1, 7, 4, 9, 8, 5, 2
Ü 3 (Ihre Ideen)

Hörtext als MP3 unter www.cornelsen.de/daf-bibliothek:

Ein Toter zu viel
Wiener Walzer – Wiener Blut

Gelesen von Martin Muliar
Regie: Joachim Becker, Susanne Kreutzer
Toningenieur: Christian Marx
Studio: Clarity Studio Berlin